Tours
1884

Jannet, Claudio

Le Code civil et les réformes indispensables à la liberté des familles...

LE CODE CIVIL

ET

LES RÉFORMES INDISPENSABLES

A LA LIBERTÉ DES FAMILLES

PAR

M. CLAUDIO JANNET

PROFESSEUR D'ÉCONOMIE POLITIQUE A LA FACULTÉ LIBRE DE DROIT
DE PARIS
ANCIEN AVOCAT A LA COUR D'AIX-EN-PROVENCE

Extrait de l'ouvrage intitulé :

L'ORGANISATION DE LA FAMILLE
PAR F. LE PLAY

3e ÉDITION, 1884

TOURS
ALFRED MAME ET FILS, LIBRAIRES-ÉDITEURS

PARIS, DENTU, LIBRAIRE
PALAIS-ROYAL, 19, GALERIE D'ORLÉANS

M DCCC LXXXIV

SOMMAIRE

LE CODE CIVIL

ET

LES RÉFORMES INDISPENSABLES A LA LIBERTÉ DES FAMILLES [1]

I

LES VICES DU RÉGIME ACTUEL

Le Code civil, malgré les tempéraments qu'il a apportés aux lois de la Révolution, est resté fidèle à leur esprit : il tend, par tous les moyens, à morceler le sol et à empêcher la transmission intégrale des patrimoines, petits ou grands.

Non seulement le partage égal du patrimoine est la règle absolue de la dévolution *ab intestat,* mais encore chaque nature de biens doit à son tour être partagée également. Aux termes des articles 826 et 832, chaque héritier doit avoir sa

[1] Ce travail forme le IIIe Appendice de l'ouvrage intitulé : L'*Organisation de la Famille,* par F. Le Play; 3e édition, enrichie de documents nouveaux. Tours, Mame, 1884; 1 fort vol. in-18.

part dans chaque immeuble : il n'est pas permis de mettre dans le lot de l'un des héritiers tous les biens-fonds, sauf à celui-ci à donner des soultes en argent à ses copartageants ; et, comme sanction finale, si les immeubles ne sont pas commodément partageables, ils doivent être vendus par licitation.

Le père de famille, il est vrai, a le droit d'attribuer par préciput et hors part la quotité disponible à l'un de ses descendants ; mais cette quotité disponible est limitée au quart dès qu'il a trois enfants. Il peut, en outre, faire lui-même le partage de ses biens, soit par un testament, soit de son vivant par une donation portant partage, qui doit alors être acceptée par tous ses enfants.

Ces deux facultés sont insuffisantes pour assurer la conservation du foyer et du domaine des familles-souches ; la lecture de l'ouvrage a déjà dû en convaincre, et nous insisterons nous-même plus loin sur l'insuffisance de la quotité disponible fixée au quart.

Mais, indépendamment de cette limitation trop étroite, il y a dans l'ensemble de la législation tout un esprit de défiance vis-à-vis de l'autorité paternelle, et de restriction de la liberté des familles. Cet esprit a entraîné plusieurs dispositions de détail qui gênent singulièrement les arrangements domestiques ; et il a poussé la jurisprudence à resserrer encore et à gêner l'exercice des deux facultés ci-dessus indiquées, qui ont été conservées par le Code au père de famille.

Le principe fondamental du Code est, en effet, que la dévolution testamentaire est subordonnée à la dévolution *ab intestat,* expression permanente de la volonté du législateur et type absolu de justice sur lequel les mœurs doivent se façonner. *La loi doit servir d'arbitre entre le père et ses enfants,* a dit Tronchet lors de la discussion du Code civil, formulant ainsi sans détour le principe radicalement faux dont partait le législateur de cette époque.

Ce mot résume l'esprit du Code. Il n'y a donc pas lieu de s'étonner que la cour de cassation, obligée, par les principes mêmes de son institution, à ne pas examiner les faits et à tenir compte exclusivement de la règle de droit envisagée d'une façon purement scientifique, ait formulé une jurisprudence par suite de laquelle l'emploi des partages d'ascendants est devenu si dangereux, que ce mode de disposition tend à disparaître de la pratique.

Les principaux vices de la loi et de la jurisprudence en cette matière se ramènent aux points suivants :

1° Les articles 826 et 832, dont nous avons indiqué la portée, sont appliqués rigoureusement à ces partages. En conséquence, la disposition par laquelle un père attribue tous ses immeubles à un de ses enfants, en le chargeant de payer des soultes en argent à ses frères et sœurs, entache le partage d'une nullité absolue. Encore que ces derniers aient accepté cet acte, ils peuvent en demander la nullité pendant trente ans après la mort du père.

2° Le partage fait par le père et accepté par tous les enfants est, comme un partage ordinaire, sujet à la rescision pour cause de lésion (art. 1079) et en même temps soumis à la réduction à la quotité disponible (art. 887 et 1079). En principe, cette lésion doit être, pour l'héritier qui réclame, de plus du quart de ce qu'il aurait reçu si l'égalité avait été rigoureusement observée. Mais quand le père, désireux de maintenir intact le corps du domaine de la famille, a attribué la quotité disponible par préciput à un de ses enfants, pour qu'elle vienne s'ajouter à sa part dans la réserve, la moindre erreur dans l'appréciation de la valeur d'un lot attribué à l'un des cohéritiers suffit pour dépasser le *quantum*, au delà duquel la lésion entraîne la rescision du partage[1].

Le père ne peut même dans ce cas essayer de protéger son œuvre par une clause pénale,

[1] Voir sur ce point un arrêt très remarquable de la chambre des requêtes du 25 février 1878, et le commentaire que M. Robinet de Cléry en a donné dans la *Revue catholique des institutions et du droit*, n° de mai 1878.

notamment par l'attribution de la quotité disponible à celui des enfants contre qui le partage serait attaqué[2].

La cour de cassation a poussé ce principe jusqu'à ses conséquences les plus rigoureuses, en décidant qu'en pareil cas la faculté d'offrir un supplément en numéraire n'existait pas pour l'enfant trop avantagé, si un retranchement en nature sur l'immeuble donné était possible. (16 février 1873, Dalloz, *Rec. pér*. 1873, 1, 200.)

3° Pour savoir s'il y a ou non lésion, la cour de cassation décide qu'il faut examiner la valeur des biens non pas au moment où la donation portant partage a été faite et acceptée, mais au moment du décès de l'ascendant. Trente ans ont pu s'écouler depuis que les enfants sont entrés en possession de leurs lots respectifs. Peu importe : l'honneur des principes juridiques exige que tout soit remis en question. L'héritier à qui un lot avait été attribué du consentement de tous et qui y avait consacré son travail, perdra tout le bénéfice des plus-values qui s'y seront produites. Il y a là fréquemment matière à d'odieuses spéculations.

Lors de l'enquête agricole de 1866, on constata que, dans l'arrondissement de Villeneuve-sur-Lot, il y avait eu, dans un court espace de temps,

[2] Arrêt de la cour de cassation du 26 juin 1882, Dalloz, *Rec. pér.*, 1883, 1, p. 70.

quatre-vingts demandes en nullité de partage pour cause de lésion, uniquement fondées sur ce que les biens n'avaient plus, à la mort du père, la même valeur qu'au moment du partage[3].

La cour de Bourges, par un arrêt du 22 décembre 1879 (Dalloz, *Rec. périod.* 1880, 2, p. 118), a consacré encore cette jurisprudence dans une espèce où les circonstances de fait étaient si favorables au maintien du partage, qu'il a fallu sans doute chez les magistrats une conviction bien forte de l'inflexibilité de la loi sur ce point[4].

4° L'action en nullité du partage pour vice dans la composition des lots et l'action en rescision pour cause de lésion, ne peuvent être l'objet d'aucune renonciation par voie de désistement ou de transaction du vivant de l'ascendant donateur. La cour de cassation voit là des pactes sur successions futures. (11 juin, et 9 juillet 1872. Dalloz *Rec. pér.* 1872, 1, 452 et 1873, 1, 72[5].)

[3] Fait rappelé par M. Urbain Guérin dans la *Réforme sociale*, n° du 15 septembre 1883, *les Partages d'ascendants.*

[4] Le partage annulé par cet arrêt datait de 1853! La cause de l'annulation consiste uniquement, d'après l'arrêt, dans la plus-value donnée aux immeubles de l'un des lots par suite de l'établissement d'une station balnéaire!

[5] Les circonstances de fait dans lesquelles ces arrêts ont été rendus avaient motivé de la part des cours d'appel des décisions qui ont été jugées contraires au Code, mais qui n'en étaient pas moins conformes à la justice. Ces circonstances sont indiquées en notes des arrêts ci-dessus cités. Pour un lecteur impartial, elles seront la condamnation décisive du système du Code.

C'est en vain que les cours d'appel du Midi, notamment la cour d'Agen, placées en présence des besoins des populations rurales, ont engagé une lutte juridique avec la cour suprême pour faire prévaloir la stabilité des partages ; c'est en vain qu'un magistrat éminent, M. Requier, premier président à la cour d'Agen, depuis conseiller à la cour de cassation, a écrit un ouvrage très remarquable destiné à montrer les vices de cette jurisprudence[6]. La doctrine de la cour suprême est aujourd'hui si bien fixée qu'aucune lutte n'est plus possible, et qu'on ne peut attendre le remède que d'une réforme législative.

Bigot-Préameneu disait, à propos des partages d'ascendants, qu'ils neutraliseraient les effets fâcheux du partage égal. « Le père de famille pourra « ainsi éviter les démembrements et conserver « à l'un des enfants l'habitation qui continue « d'être l'asile commun... La division égale des « biens, ajoutait-il, détruit les petites fortunes ; « un petit héritage coupé en parcelles n'existe « plus pour personne ; si l'héritage demeure en- « tier, il reste un centre commun à la famille. »

Les faits ont aujourd'hui, après une expérience de soixante et dix ans, montré ce que valait le tempérament au moyen duquel les jurisconsultes du conseil d'État, qui avaient le sentiment des

[6] *Traité théorique et pratique des partages d'ascendants.* Paris, 1868 ; 1 vol. in-8°.

soins des familles-souches, espéraient leur permettre de se maintenir. On n'a qu'à ouvrir les recueils d'arrêts pour voir que les partages d'ascendants sont une des sources les plus abondantes de procès, et que les mesures prises par les pères de famille pour assurer le bonheur des leurs ont trop souvent pour effet de les engager dans des luttes judiciaires où leur patrimoine disparaît dévoré par les frais de justice.

De pareilles luttes judiciaires, indépendamment de la famille qu'elles frappent, jettent une profonde perturbation dans le milieu social où les familles-souches avaient pu jusqu'à présent se perpétuer. Ces procès, avec le retentissement qu'ils ont, frappent de discrédit les antiques coutumes sous l'impulsion desquelles se produisaient les arrangements domestiques conservateurs du foyer. Dès que l'éveil est donné aux passions mauvaises, les actes qui constatent ces arrangements sont soumis au contrôle des hommes de loi, et bien peu échappent à la rigueur des dispositions du Code.

M. Le Play, dans la *Réforme sociale*, ch. 34, a analysé les différents aspects de cette situation avec sa précision et son abondance d'observations habituelles, quand il a décrit « les quatre cas cor-
« respondant aux principaux incidents de l'action
« destructive exercée sur la Coutume par notre loi

« de partage forcé ». Il montre, dans les montagnes à pentes abruptes et à champs enclos, des familles-souches pratiquant encore la transmission intégrale, grâce à l'empire de la Coutume qui fait que tous les enfants se prêtent à laisser à l'aîné le domaine patrimonial; grâce aussi à l'opinion établie qui fait que généralement les officiers publics, dont le ministère est imposé aux familles, admettent dans l'acte de donation une estimation inférieure à la valeur réelle. Puis il signale d'autres localités où l'empire de la Coutume n'est plus reconnu, mais où cependant les pères de famille éludent presque tous, en se concertant avec leur héritier-associé, les dispositions de la loi, et ont pour cela recours à des manœuvres compliquées, dont le caractère frauduleux tranche singulièrement avec l'honorabilité des personnes.

Parmi les procédés employés par les familles-souches qui ont réussi à se maintenir, il faut noter les évaluations inférieures à la valeur du patrimoine dans les actes de partage ; mais on a vu que le consentement donné alors par les cohéritiers ne les empêche pas de demander plus tard la rescision pour cause de lésion.

La stipulation par laquelle les dots promises aux enfants sont payées *peu à peu, sans porter intérêts* (§ 35), n'est valable que pendant la vie des parents. Immédiatement après leur mort, les enfants peuvent exiger le payement en capital de leur dot; car leur droit dans la succession est ouvert en vertu de la loi.

Les renonciations à leur part, faites par les enfants qui entrent dans les ordres ou qui restent célibataires, sont frappées d'une nullité absolue en vertu du principe qui prohibe toute espèce d'arrangement sur les successions futures (art. 791 et 1130). Il en est de même des *mariages par échange* usités jadis dans un grand nombre de localités, et où interviennent des stipulations par lesquelles les deux familles font réciproquement compensation de tous les droits successoraux des enfants qu'elles marient.

En résumé, l'empire de la Coutume ne peut pas indéfiniment se maintenir, étant donnés la suppression des idiomes locaux, la centralisation de l'organisation judiciaire et le développement des communications (§ 36). D'un autre côté, le défaut de valeur légale des procédés juridiques employés par les familles-souches les expose à des procès ruineux dès que l'empire de cette Coutume fléchit. Ainsi s'explique le profond sentiment de découragement qui, dans bien des parties de la France, empêche les parents d'user des droits que la loi leur a laissés, et leur fait préférer la liquidation judiciaire aux dissensions et aux procès que soulèveraient leurs actes de dernière volonté.

II

LES PRINCIPAUX MOYENS DE RÉFORME

Il est temps que la réforme se produise, si l'on veut conserver à la France sa dernière réserve de familles-souches et de foyers féconds.

Ce serait une étrange illusion que d'attendre cette réforme de modifications dans la jurisprudence.

Dès 1865, l'honorable M. Batbie, professeur d'économie politique à la faculté de droit de Paris, depuis sénateur, faisait justice de ce sophisme dans une lecture à l'Académie des sciences morales et politiques sur la nécessité de la *revision du Code Napoléon.*

« Dans toute société qui progresse, disait-il, les lois, même les mieux faites, même celles qui ont été accueillies par d'unanimes éloges, sont, après un temps plus ou moins long, en désaccord avec les faits moraux et économiques. La jurisprudence s'efforce d'abord, par une interprétation aussi large que possible, de plier les textes aux besoins nouveaux; mais un moment arrive, tôt ou tard, où ce procédé est impuissant parce que le texte résiste, qu'il est impossible de le plier, même de le tourner, et qu'il faut l'appliquer ou le briser. Ce conflit se produit, surtout dans les pays où la législation est codifiée, où l'on n'a presque rien laissé à la coutume, où les pouvoirs du juge sont limités par des textes précis et obligatoires. Partout où, comme chez nous, l'on pratique le principe : *optima lex quæ minimum judici*, les ressources de la jurisprudence sont vite épuisées, et les remaniements de la législation deviennent nécessaires après quelques années. Je suis loin de croire que la codification n'ait pas de grands avantages; la clarté qui en résulte et la facilité qu'elle offre à ceux qui veulent connaître la loi sont des mérites très précieux, dont la valeur pratique est supérieure à toutes les considérations que fait valoir l'école historique. Mais il y aurait erreur à mettre au nombre des qualités d'une législation codifiée l'immobilité résultant de la difficulté qu'offre toujours le remaniement d'un corps de lois[1]. »

Une réforme législative est donc nécessaire, mais il ne s'agit pas de recourir à une législation exceptionnelle, encore moins à des lois qui portent atteinte à la liberté des transactions, ou qui prohibent le morcellement au delà d'une certaine contenance. Il faut à notre France du XIXe siècle une loi de liberté qui permette à l'initiative des pères de famille de conserver l'œuvre qu'ils ont

[1] Reproduit dans le *Correspondant* de janvier 1866.

créée et d'avoir une postérité dans les limites de la fécondité naturelle, sans pour cela déprimer la condition sociale de leurs descendants. Les familles qui n'éprouvent pas ce besoin de conservation doivent rester libres de suivre leurs errements actuels ; mais elles ne peuvent, sans une criante injustice, faire prévaloir leurs préjugés sur les besoins de la classe, silencieuse mais nombreuse, des paysans-propriétaires qui fournissent la nourriture à nos cités et ses plus braves défenseurs à la patrie, alors surtout que la nature des choses, dans notre pays de petite et de moyenne culture, confère à cette classe une si grande importance.

C'est un devoir pour les jurisconsultes de ne plus se renfermer exclusivement dans l'étude des monuments législatifs et de tenir compte des observations de la science sociale. Après les grands travaux scientifiques qui ont été récemment accomplis, il leur appartient de formuler les moyens de réforme les plus urgents et les mieux appropriés à l'état général de la société française.

Cette nécessité s'impose d'autant plus que l'Allemagne, comprenant que dans la grande lutte économique engagée entre le vieux monde et les nouveaux continents, la première condition de succès est la stabilité de la famille avec la permanence des exploitations agricoles, vient, par une série de réformes, de rejeter presque complètement le principe du partage égal des successions de biens ruraux pour revenir sous une forme nouvelle à la tradition de la transmission intégrale du domaine[2].

Le nouveau régime successoral allemand, inspiré fort heureusement par les anciennes coutumes germaniques, ne conviendrait pas dans son ensemble à l'état actuel de notre société, quoiqu'il y ait plus d'un principe fécond à lui emprunter.

Nous allons donc exposer, en tenant compte des précédents législatifs, du développement historique et de l'état économique de notre pays, les points sur lesquels doit porter *la réforme successorale*. Nous nous bornerons autant que possible à résumer les travaux que d'éminents jurisconsultes ont déjà faits en ce sens, de manière à offrir à nos lecteurs un programme de réforme déjà éprouvé en quelque sorte par la discussion.

Les principaux moyens de réforme préconisés par eux sont *l'amélioration des dispositions du Code sur les partages d'ascendants, — l'extension de la quotité disponible à la moitié dans tous les cas, la liberté des arrangements de famille.* Il y faut ajouter aussi, selon nous, des *dispositions spéciales aux orphelins-mineurs.*

Ces réformes remédieraient en partie au mal,

[2] Voir dans la *Réforme sociale,* du 1er juillet 1883, notre exposé du mouvement pour la réforme des lois de succession en Allemagne.

et elles doivent avoir aux yeux des hommes de loi, nourris dans la pratique actuelle, le mérite de pouvoir être introduites immédiatement dans le Code sans en troubler l'économie générale.

Sans doute le régime de la liberté de tester, tel que l'ont pratiqué les Romains à leur meilleure époque et que le pratiquent encore les Anglo-Saxons des deux mondes, tel que l'ont adopté depuis près d'un siècle les Français du Canada, assurément ce régime conservera toujours sa supériorité. En réclamant ces réformes partielles et un régime intermédiaire, nous nous plaçons au point de vue des opinions dominantes actuellement, et nous allons démontrer que les partisans du Code civil ne peuvent, selon leurs propres principes, s'y refuser.

Ces réformes nous replaceraient précisément au point où en était le pays en 1790, alors que l'Assemblée constituante avait aboli le droit d'aînesse et était en demeure de coordonner une législation dans laquelle, selon les expressions des cahiers pour les états généraux, « le *droit romain serait concilié avec les anciennes lois françaises et l'*AUTORITÉ PATERNELLE SERAIT FORTIFIÉE [3]. » On effacerait seulement l'œuvre de violence de la Convention pour reprendre le vrai et légitime mouvement de 1789.

[3] *Les Cahiers de* 1789, par Léon de Poncins; 1 vol. in-8°, pages 260 à 268.

Ce premier pas suffirait sans doute à la génération actuelle. Celle qui viendrait ensuite pourrait réaliser des progrès ultérieurs. Elle y serait d'autant plus portée qu'elle aurait sous les yeux : 1° les résultats comparés du partage forcé tel qu'il se pratique depuis quatre-vingts ans produisant des effets constatés dès à présent par des enquêtes authentiques ; 2° ceux des coutumes successorales qui se restaureraient ou se créeraient dans les localités, grâce à la liberté plus grande donnée au père de famille par ces premières réformes.

III

L'AMÉLIORATION DES DISPOSITIONS DU CODE SUR LES PARTAGES D'ASCENDANTS

Les points principaux de cette réforme ont déjà été fixés par les arrêts des cours du Midi, ainsi que par les travaux de M. Requier et de M. Barafort[1]. Le gouvernement impérial avait dû prendre à ce sujet un engagement formel, qui est consigné dans un rapport de M. de Forcade la Roquette fait au nom de la commission supérieure de l'enquête agricole de 1866.

Dans la session de 1870 il avait saisi les chambres d'un projet de loi modifiant les articles 826, 832 et 1079 du Code civil. Le père de famille faisant le partage de ses biens aurait pu attribuer à un de ses enfants l'intégralité de ses immeubles, en l'obligeant à payer des soultes en argent à ses frères et sœurs. Ce projet de loi s'étendait aux partages *ab intestat*, et permettait aux tribunaux chargés de liquider les successions des mineurs de faire des attributions semblables.

Dès la réunion de l'Assemblée nationale, un de

1 Ce dernier magistrat, président à la cour de Lyon, puis conseiller à la cour de cassation, a fait paraître un ouvrage sous ce titre : *Des Partages d'ascendants et des modifications à introduire dans la loi sur cette matière, à propos de l'enquête agricole*. Paris, 1870; in-8°.

ses membres les plus considérables par son talent et son caractère, M. Lucien Brun, prit l'initiative d'une proposition semblable, heureusement complétée sur quelques points. Elle a été prise en considération dans la séance du 17 juin 1871, et l'on a vu un des membres de la gauche, M. Bethmont, s'unir à M. Baragnon pour la défendre contre les attaques des fanatiques admirateurs du Code civil.

Renvoyée après une première lecture à l'examen du conseil d'État (23 décembre 1875), les événements qui ont amené la dissolution de l'Assemblée nationale et les crises politiques qui se sont succédé depuis lors, ont fait perdre de vue ce remarquable travail. Il n'en reste pas moins la base des réformes législatives en cette matière[2].

[2] Le conseil d'État s'est occupé de cette proposition dans ses travaux intérieurs, ou au moins a été saisi d'un rapport fait par M. Groualle, qui porte le n° d'ordre n° 16690. Ce rapport conclut au rejet de la proposition, non point par des motifs de l'ordre économique, mais uniquement par des arguments tirés de ce que les jurisconsultes romains appelaient l'*elegantia juris*. Sans répondre à aucune des raisons apportées dans l'enquête agricole, M. Groualle fait des vœux pour une modification de la jurisprudence de la cour de cassation sur la question si rebattue du cumul de la quotité disponible et de la réserve, et sur celle de la combinaison des art. 868 et 922.

Les personnes versées dans la jurisprudence peuvent seules bien comprendre ce qu'ont de dérisoire de pareils arguments et de semblables propositions. Ce rapport est un monument rare de l'inaptitude absolue de l'*esprit légiste* à concevoir les questions sociales, et de l'infériorité dans laquelle se placent les peuples qui confient le soin de leur législation exclusivement aux hommes de loi.

Elles consistent en ces trois points :

1° Le père de famille doit pouvoir librement composer les lots des enfants en objets de différente nature. Dès 1865, M. Batbie proposait cette réforme dans sa lecture sur *la revision du Code Napoléon.*

2° La lésion dans les partages entre vifs doit être appréciée uniquement d'après l'estimation des biens faite au moment de l'acte, sans tenir compte des augmentations ou diminutions de valeur qui se seront produites à l'époque du décès de l'ascendant. De cette réforme dépendent la stabilité et la sûreté de ces actes. L'héritier-associé trouverait alors un intérêt, qu'il n'a pas dans l'état de choses actuel, à accroître la valeur du domaine qu'il a reçu en donation et qu'il cultive conjointement avec ses parents. Le projet de M. Lucien Brun a une disposition encore à ce sujet.

3° Il faut limiter à un petit nombre d'années la durée des actions en nullité ou en rescision qui, d'après le Code, sont ouvertes pendant dix ans ou trente ans, selon les cas, à partir du décès de l'ascendant. Souvent les enfants sont morts eux-mêmes, et ce sont leurs héritiers qui viennent porter le trouble dans une famille à laquelle ils sont en réalité étrangers. Le projet de M. Lucien Brun propose de renfermer toutes ces actions dans un délai de deux ans ou de cinq ans, à partir de la mort de l'ascendant, selon certaines distinctions[3].

4° Enfin nous signalerons une disposition des lois fiscales qui montre combien ces lois ont été conçues en dehors de toute considération des intérêts sociaux. Elles semblent vouloir décourager systématiquement les actes de disposition faits par les ascendants de leur vivant. Tandis que le droit de mutation en cas de décès n'est que de 1 0/0 en ligne directe, les donations d'immeubles en contrat de mariage payent, y compris le droit de transcription, 2,75 0/0; celles faites hors contrat de mariage, 4 0/0; les partages d'ascendants entre vifs, 2,50 0/0; et tous ces droits sont encore augmentés du double décime. Dans tous ces actes les soultes en argent sont, par une *fiction* juridique, considérées comme des achats et ventes et soumises au droit de mutation de 4 0/0. Une loi du 18 mai 1850 a fait prévaloir cette prétention exorbitante de l'admi-

[3] M. Requier et M. Barafort proposent encore, dans la matière des partages d'ascendants, plusieurs réformes de détail qui auraient beaucoup d'avantages, surtout si une réforme n'intervient pas en ce qui touche la fixation de la quotité disponible. Nous renvoyons à leurs ouvrages les lecteurs qui voudraient approfondir la question au point de vue juridique.

Nous leur recommandons aussi deux excellents écrits sur cette matière : l'un de M. Jules Cauvière, ancien magistrat, aujourd'hui professeur à la Faculté libre de droit de Paris (un vol. in-8°, Marseille, 1870) ; l'autre par M. Benjamin Chomel, ancien magistrat (Paris, 1875, in-8°, Pedone Lauriel).

nistration de l'enregistrement contre la jurisprudence des tribunaux civils. On oblige par là les familles à payer une somme considérable au fisc au moment où elles règlent leur situation, et souvent elles renoncent à passer des actes à cause de cette exigence[4].

[4] Tous les vices de notre législation en cette matière sont signalés avec beaucoup de compétence dans un ouvrage intitulé : *L'Agriculture et la propriété foncière en face des lois fiscales, des lois de procédure et de la vénalité des offices*, par M. Vraye, notaire à Compiègne. 1 vol. in-8°; Paris, 1870.

IV

L'EXTENSION DE LA QUOTITÉ DISPONIBLE AU TAUX PROPOSÉ, DÈS 1803, PAR LES CONSEILLERS D'ÉTAT ÉLEVÉS DANS LES PAYS A FAMILLE-SOUCHE.

L'extension de la quotité disponible à la moitié, quel que soit le nombre des enfants, c'est-à-dire le retour aux idées qu'avaient défendues dès 1803 les jurisconsultes qui connaissaient le mieux les besoins des familles-souches, cette réforme, disons-nous, est réclamée par des jurisconsultes de plus en plus nombreux. Elle a été d'abord proposée par M. Sauzet, ancien président de la Chambre des députés, dans son ouvrage intitulé: *Rome devant l'Europe.* Depuis se sont successivement prononcés dans ce sens M. Pinard, ancien ministre, dans le discours de rentrée qu'il prononça, comme procureur général, à la cour de Douai en 1865; M. Henri Fontaine, dans la *Revue pratique de droit* (n° du 1er mars 1866); M. Champetier de Ribes, avocat à la cour de Paris, dans de remarquables articles publiés par la *Gazette des Tribunaux* (nos des 19, 20 et 21 octobre 1871 [1]); M. Paul Boyer de Bouillane, an-

[1] Ces deux derniers jurisconsultes proposent un système gradué d'après lequel la quotité disponible ne serait jamais inférieure à la moitié, quel que fût le nombre des enfants, mais s'élèverait aux

cien magistrat, dans un discours prononcé à la conférence des avocats de Grenoble (1873)[2]; M. Lucien Brun, dans son *Introduction à l'étude du droit*[3], cette œuvre magistrale où le coup

deux tiers ou même aux trois quarts quand il n'y aurait que deux enfants ou un seul. Sans discuter ici ce système, nous préférerons toujours, après la liberté de tester complète, une fixation de la quotité disponible qu'aucun événement postérieur au testament (mort, renonciation des enfants, survenance d'enfants) ne puisse changer.

[2] Nous devons ici mentionner les importants travaux de deux jurisconsultes éminents de la Belgique, qui proposent l'un et l'autre la liberté de tester absolue sans réserve ni légitime. (Voir *le Testament selon la pratique des familles stables et prospères*, par M. A. de Moreau d'Andoy, docteur en droit, membre de la Chambre des députés; 1 vol. in-12; Namur et Paris, Dentu, 1873; et *de la Liberté testamentaire en France*, par Maurice Hallay.) Cette solution est également recommandée par plusieurs écrivains de la *Revue catholique des institutions et du droit*, qu'a fondée en 1872 un groupe de jurisconsultes et de professeurs de droit. (Paris, H. Oudin, éditeur, 51, rue Bonaparte.) Nous sommes heureux de pouvoir citer également l'opinion de notre éminent ami M. Charles Jacquier, avocat à la cour d'appel de Lyon, qui voudrait « n'accorder à l'enfant qu'une créance alimentaire largement entendue ». (*Décentralisation*, 31 janvier 1872.)

Tous les auteurs que nous venons de citer s'inspirent des coutumes les plus recommandables des sociétés chrétiennes. Les écrivains révolutionnaires sont généralement très hostiles à la liberté de tester; aussi constatons-nous avec une satisfaction particulière l'adhésion fortement motivée que donnent à ce principe M. le professeur Émile Accolas dans son *Manuel de droit civil, commentaire philosophique et critique du Code Napoléon* (2e édit. Germer-Baillère, 1874; 3 vol. in-8o), et surtout M. Coste, l'un des représentants les plus distingués de l'école positiviste, dans son livre si remarquable *les Conditions de la force et du bonheur pour les sociétés et les individus*; in-12, Guillaumin, 1879.

[3] Un vol. in-12, Paris, Lecoffre, 1880, p. 234.

d'œil de l'homme d'État s'unit à la science du jurisconsulte; M. Édouard Hovelt, notaire à Dunkerque, dans son étude sur la *liberté testamentaire et le droit de propriété*[4]; M. Amédée Trouillard, avocat à Niort[5]; M. Charles Richet, dans la *Revue des Deux Mondes*[6]; M. Hyacinthe de Gaillard, avocat à Valence[7]; M. J. Girod[8].

Enfin, une importante réunion de jurisconsultes catholiques, qui se rassemble chaque année dans une des principales villes de France, après avoir pendant deux années étudié la question de la liberté de tester, a formulé en 1883, au Congrès de Nantes, la conclusion de ses études en ces termes :

« La loi civile doit à la famille et à l'autorité « paternelle qui la gouverne une protection effi- « cace dans tout ce qui est indispensable à la « permanence des institutions domestiques. Les « jurisconsultes catholiques demandent que la « législation assure, ou tout au moins, et en « attendant mieux, favorise la transmission in- « tégrale du foyer et de l'atelier.

« Il est donc nécessaire de poursuivre d'abord « l'abrogation des dispositions législatives qui,

[4] Brochure in-8°, Dunkerque, 1875.

[5] *Revue catholique des Institutions et du Droit*, t. VI.

[6] N° du 15 avril 1882.

[7] *Revue catholique des Institutions et du Droit*, t. I, p. 68.

[8] *Ibid.*, t. IX, p. 54. Ce dernier écrivain demande l'extension de la quotité disponible jusqu'aux trois quarts.

« aggravées par l'interprétation excessive de la « jurisprudence, obligent les tribunaux et le « père de famille lui-même à composer les lots « de biens, non seulement de même valeur, mais « de même nature. C'est à l'unanimité que le « Congrès a accepté ces conclusions et con- « damné le régime du partage forcé.

« Aucune législation ne peut dispenser le père « des obligations que lui imposent envers ses « enfants la loi naturelle et la loi révélée. Cette « réserve faite, le Congrès se déclare partisan « de la liberté testamentaire, sans pouvoir, dans « le temps étroitement limité qu'il consacre à « ces graves problèmes, déterminer dans quelle « mesure il pense que l'état des esprits et des « mœurs, le régime économique, les habitudes « et le tempérament de la nation, permettraient « *d'augmenter,* dès aujourd'hui, *la quotité dispo-* « *nible légale.* Une réforme, dans le sens de la « liberté la plus large possible, est nécessaire; « il faut donc préparer les esprits à la com- « prendre, les enfants à en reconnaître la con- « venance et l'utilité, les pères à en user avec « justice et discernement. Les intérêts moraux « et sociaux les plus graves réclament la res- « tauration de l'esprit de famille et la conser- « vation des héritages.

« La liberté testamentaire ne suffira pas sans « doute à elle seule à produire cette restaura-

« ration, mais elle en sera un des instruments « les plus efficaces [9]. »

Il serait difficile, croyons-nous, de réunir sur une question un nombre aussi considérable d'autorités que celles qui se prononcent ainsi en faveur de l'extension de la quotité disponible.

Mais nous regardons comme ne répondant plus du tout aux conditions économiques du temps, la modification législative qui permettrait de disposer librement des *acquêts,* et ne laisserait subsister la réserve que sur les *propres* ou biens immeubles héréditaires. Très séduisante en théorie pure et appuyée sur l'autorité du passé, cette idée a contre elle le fait décisif que la composition des fortunes varie de nos jours beaucoup plus qu'autrefois [10].

La fixation de la quotité disponible à la moitié au moins ne serait qu'un retour à l'état de choses qui existait avant la révolution dans tous les pays du Midi où le droit romain était en vigueur. Dans le Nord c'était aussi la disposition des Coutumes de Paris et d'Orléans [11]. Plusieurs

[9] *Revue des Institutions et du Droit,* nº de janvier 1884, p. 72. On trouvera dans ce numéro le résumé des discussions du Congrès, et notamment un remarquable rapport de M. Célier, avocat au Mans, au nom de la commission spéciale, qui conclut à une liberté de tester encore plus large au moins en faveur des enfants.

[10] Cf. La revue *la Réforme sociale,* t. IV, p. 36; t. V, p. 308.

[11] La quotité disponible portée par ces deux coutumes indique surtout l'idée générale que se faisaient les anciens jurisconsultes

législations modernes ont adopté cette fixation. Nous citerons entre autres le *Code civil du canton de Vaud* (art. 573), le *Code civil prussien*, le *Code civil autrichien*, enfin le *Code civil italien*, qui date de 1866 (art. 805).

Plusieurs jurisconsultes d'ailleurs, vivement frappés des inconvénients du partage forcé et désireux d'y porter remède, croient que le but

des droits de disposition du père et de ses obligations alimentaires vis-à-vis de ses enfants. Quant aux résultats effectifs, il faut tenir compte de plusieurs autres institutions d'esprit et de dates différentes qui, dans la pratique, devaient être combinées avec la légitime.

Plusieurs de ces institutions, comme le droit d'aînesse, le douaire coutumier, la réserve coutumière des quatre-quints des propres (immeubles que le *de cujus* avait reçus lui-même par succession ou par un autre titre équivalent), s'inspiraient des principes de conservation forcée du patrimoine dans la famille. Le droit des enfants à réclamer une légitime ne s'exerçait qu'autant qu'ils n'étaient pas pourvus *à quelqu'un de ces titres* de la moitié de ce qu'ils auraient eu, si le père n'avait pas fait de dispositions entre vifs ou testamentaires. Le pouvoir du père de famille pouvait se trouver beaucoup plus limité par ces diverses institutions que par la fixation de la légitime, dans le cas où sa fortune se composait exclusivement d'immeubles patrimoniaux. Mais, d'autre part, il avait souvent en fait un pouvoir de disposition plus étendu par l'effet des renonciations que les filles dotées faisaient en se mariant à tous leurs droits sur la succession paternelle, et par la mort civile qui frappait les religieux et les religieuses liés par des vœux solennels. Quoique cette incapacité de succéder ne fût pas une conséquence naturelle des vœux et ne fût pas conforme au droit canon, l'Église la tolérait, pour se prêter à la conservation des biens dans les familles. Enfin les arrangements de famille, dictés par le sentiment de la conservation du foyer et du principal établissement, jouaient un très grand rôle dans le fonctionnement pratique des diverses institutions, parfois incohérentes, qui avaient successivement pris place dans les coutumes.

serait atteint par l'abrogation de l'art. 832 et par les autres réformes mentionnées ci-dessus (III). Ils ne remarquent pas que la sagesse du père de famille peut échouer devant le mauvais vouloir d'un seul de ses enfants : car la validité des partages d'ascendants faits entre vifs (et ce sont ceux que pratiquent les paysans) est subordonnée au consentement de tous les héritiers. Déjà, dans plusieurs localités, on a remarqué que, sous l'empire des idées égalitaires qui ont cours aujourd'hui, les enfants ne se prêtaient à ces actes qu'autant qu'ils ne contenaient aucune disposition par préciput[12].

Puis il faut tenir compte, pour l'application des lois de succession, d'un élément fort important, le taux de capitalisation du revenu foncier, c'est-à-dire le rapport que l'on établit entre le revenu net annuel et la valeur à laquelle la terre est estimée. Ce taux varie beaucoup, suivant les pays. Il est dans certaines régions de la France établi sur le pied du denier 33, c'est-à-dire que l'on estime la valeur foncière à trente-trois fois le revenu annuel, ce qui correspond pour l'acquéreur à un placement au 3 0/0. Quelquefois il est plus élevé encore. Ailleurs, notamment aux États-Unis, il est calculé seulement au denier 14 ou

[12] Voir, dans le *Bulletin de la Société d'économie sociale*, 1868 : *Enquête sur l'application des lois de succession dans la Provence*, p. 340 et 361.

au denier 16! Or le fonctionnement de la loi de succession, quand elle a pour base le partage égal entre les enfants, est tout à fait différent, suivant que le taux de capitalisation des terres est bas ou élevé.

L'importance de cet élément dans la question ressortira nettement des deux hypothèses suivantes. Prenons pour exemple une terre donnant 1,000 fr. de revenu. Aux États-Unis, en Suède, en Norwège, ce revenu net moyen est multiplié au plus par 16, ce qui fixe à 16,000 fr. la valeur de la propriété. Il y a quatre enfants. Supposons que le père n'ait pu user que de la quotité disponible restreinte de la loi française. L'héritier a un quart, soit 4,000 francs, plus sa part de légitime, soit 3,000 francs. Il aura à payer 9,000 francs seulement, somme dont la modicité permet le remboursement successif et annuel à une personne qui, cultivant elle-même son domaine, joint au revenu net de la terre les profits du fermier et du cultivateur. En France, le même revenu sera multiplié au moins par 32 et donnera 32,000 francs, soit 18,000 francs de soulte à payer; c'est-à-dire une somme que jamais aucun effort pendant toute une vie ne permettra à l'héritier de réaliser. La manière dont la succession se liquide est toute différente, on le voit, selon le taux de capitalisation, quoique le revenu du domaine soit le même.

Voilà pourquoi en Suède, en Norwège, aux États-Unis, le partage égal peut fonctionner sans inconvénient; voilà pourquoi les lois américaines recommandent dans le partage des successions d'éviter le démembrement des domaines, sans que cette prescription soit une dérision comme la recommandation du premier alinéa de l'art. 832.

En France, l'extension de la quotité disponible est donc indispensable pour la conservation des familles-souches de paysans-propriétaires, qui sont parvenues à se maintenir jusqu'à nos jours malgré les obstacles signalés ci-dessus, ainsi que pour la création de nouvelles familles appelées à se perpétuer.

L'étude de toutes ces familles démontre, en effet, qu'en réalité elles ont dépassé dans leurs actes de transmission la limite du quart. La famille Mélouga, par exemple, ne s'est maintenue que grâce aux évaluations très atténuées faites dans les actes de partage (§ 33), et grâce au nombre assez considérable de ses membres qui, restés célibataires, ont vécu en communauté avec l'héritier et n'ont pas exigé le payement de leur dot. Si les dots avaient été portées à leur véritable valeur, si toutes avaient été exigées, la famille eût été dans l'alternative de partager le domaine ou de l'hypothéquer. (Voir la *Réforme sociale*, 5e édition, ch. 34, XI,

XII; 3e et 4e *cas de désorganisation des familles-souches.*)

Or l'hypothèque, c'est la ruine fatale de la famille; et aux termes de l'article 2103, les soultes résultant d'un partage sont garanties par une hypothèque légale et générale. Les intérêts de la dette, s'élevant en moyenne à 6 0/0 (en tenant compte des frais d'acte et d'enregistrement), absorbent toute l'épargne du paysan-propriétaire[13]. Non seulement il ne peut pas doter la nouvelle génération qu'il élève, mais il parvient rarement à rembourser le capital. On a remarqué que les hypothèques étaient surtout multipliées dans les pays à familles-souches. Ce fait, constaté par l'observation, témoigne de l'importance que ces familles attachent à la transmission intégrale[14]; mais ce dernier effort qu'elles

[13] M. Léonce de Lavergne, frappé des inconvénients de cet état de choses, voudrait : 1° qu'on donnât aux garçons un droit de préférence sur les immeubles, et qu'on n'en autorisât le partage qu'autant que celui des meubles ne suffirait pas pour remplir les filles de leurs droits; 2° que l'un des cohéritiers pût se charger d'un immeuble excédant sa part, pour éviter les licitations, en payant aux autres 3 0/0 d'intérêt et 2 0/0 d'amortissement, avec faculté de remboursement comme au Crédit foncier. (*L'Agriculture et la population*, 2e édition; Guillaumin, 1865, p. 183.) Nous ne voulons pas, pour le moment, discuter cette réforme de la loi *ab intestat;* mais on ne peut s'empêcher de remarquer qu'il est à la fois plus simple et plus urgent de restituer sa liberté d'action au père de famille, comme au meilleur juge des convenances de ses enfants. (V. note additionnelle.)

[14] Voir, dans le *Bulletin de la Société d'économie sociale*, 1867 : *Note sur l'organisation de la famille dans l'arrondissement de*

font pour lutter contre le Partage forcé aboutit à l'expropriation au bout d'une génération.

Il y a plus : l'insuffisance, pour les familles fécondes, de la quotité disponible fixée au quart se démontre avec une évidence mathématique. Le Code civil a méconnu les lois naturelles de la population! En effet, l'expérience prouve que les familles-souches ont en moyenne tous les vingt-cinq ans une génération à établir.

D'autre part, les observations faites par M. Le Play [15], et après lui par la *Société d'économie sociale*, sur les familles de cultivateurs-propriétaires, dans les diverses parties de l'Europe, montrent que, sauf des conditions exceptionnelles, l'épargne que peuvent réaliser ces familles ne dépasse pas, par année, 2 0/0 de la valeur du domaine, soit 50 0/0 en moyenne pendant une génération (§ 9) [16].

Assurément c'est une épargne considérable

la Tour-du-Pin (Isère), p. 253. — *Note sur l'organisation de la famille dans la Drôme*, par M. Helme, p. 265. — Dans le bulletin de 1868 : *Enquête sur l'application des lois de succession en Provence*, p. 350 et 357.

[15] *L'Organisation du travail*, § 46.

[16] M. Coste, dans l'ouvrage cité, a développé ces considérations d'une manière fort originale en les appliquant aux différentes classes, et a fait ressortir comment, sous le règne du Code Napoléon, la force de conservation des familles était en raison inverse de la place qu'elles occupent dans la hiérarchie sociale. Et l'on s'étonne après cela de l'instabilité qui caractérise la société française!

que des familles d'élite réalisent seules, et ce chiffre n'est évidemment pas produit pour les besoins de la cause. Dans notre époque, où le besoin de jouir est la passion dominante, bien peu de familles, même placées au plus haut degré de la richesse, obtiendraient un pareil résultat.

Devant ces chiffres on doit reconnaître la nécessité de fixer à la moitié la quotité disponible, si l'on veut assurer aux familles de paysans-propriétaires la transmission intégrale de leurs domaines, sans les obliger à employer des moyens illégaux. Même l'attribution de la moitié par préciput à l'héritier-associé lui permettra de payer la part de ses frères et sœurs, sans recourir à l'hypothèque, seulement en admettant que la dot de sa femme lui fournira une forte part des dots dont il est chargé lui-même.

L'ancienne Coutume du Lavedan, conforme en cela à celle des trois quarts de la France, à la suite d'une longue expérience, avait adopté précisément la fixation de la quotité disponible que nous recommandons [17]. Le Code l'a changée arbitrairement; car, entre la production du travail, la fécondité des familles, la fertilité du sol et la puissance d'épargner, il y a des rapports fondés

[17] Voir un exposé très complet et très exact de l'histoire des lois de succession en France dans la *Réforme sociale*, chap. 23. Dans les chap. 20 et 21, M. Le Play rattache pratiquement aux régimes de liberté testamentaire ceux où le père a, dans tous les cas, la libre disposition de la moitié de ses biens au moins.

sur la nature des choses, que les révolutions et même les progrès matériels ne changent pas.

A mesure que la production du sol augmente, la consommation augmente aussi. Les deux termes du problème sont mobiles; mais leur rapport demeure toujours identique, parce que l'humanité, avec ses besoins, ses passions et ses vertus, reste toujours la même.

On ne saurait trop faire remarquer que, lors de la discussion du Code, les membres les plus éclairés du conseil d'État, Portalis et Malleville, qui appartenaient aux pays à familles-souches et qui étaient familiers avec ce résultat de la pratique rurale, soutinrent une longue lutte pour faire fixer à la moitié, dans tous les cas, la quotité disponible. Plusieurs tribunaux, notamment ceux de Paris, de Limoges et de Montpellier, présentèrent dans le même sens des observations dont le temps a démontré la parfaite justesse. On sait sous l'influence de quelles considérations politiques l'étroite limitation de la quotité disponible prévalut[18]. Les préjugés de certains jurisconsultes appartenant aux pays à banlieue morcelée, où étaient en vigueur les coutumes

[18] Nous regrettons de ne pouvoir reproduire ici les observations de ces tribunaux, qui sont peu connues et qui mériteraient de l'être davantage; elles semblent écrites de nos jours, tant les idées qu'elles expriment sont précises. Voir *Conférence des observations des tribunaux d'appel sur le projet de Code civil*. Paris, ans IX et X.

dites d'*égalité*, eurent aussi leur poids dans cette décision.

Depuis l'établissement du Partage forcé, un nombre considérable de familles-souches agricoles ont perdu leur domaine et sont allées se fondre dans les agglomérations urbaines, ou bien sont tombées dans cette classe de propriétaires indigents dont la multiplication, constatée par la statistique, prépare dans l'avenir une nouvelle *jacquerie*[19].

[19] Sur le *paupérisme rural*, voir *la Réforme sociale*, 34, XIV à XVI; et *les Ouvriers des deux mondes*, t. IV, monographie d'un paysan d'un village à banlieue morcelée du Laonnais. (Ci-dessus, Ire App.) En 1866, sur 14,123,117 cotes foncières, celles au-dessus de 5 fr. s'élevaient à 7,476,217, et celles de 5 à 10 fr. à 2,130,900. On calcule qu'un franc de contribution en principal correspond à 16 fr 49 centimes de revenu : *la forte moitié des propriétaires français n'a donc qu'un revenu foncier inférieur à 82 fr.* Cette moyenne, étant prise sur tous les départements, est trop élevée du tiers au moins pour les départements purement agricoles du Centre et du Midi, où l'impôt foncier est très lourd. (Chiffres extraits de l'exposé des motifs du projet de loi sur les ventes d'immeubles, par M. Riché, président au conseil d'État. Tableaux annexes 1 et 2.)

Parmi les cotes foncières, il s'en trouve 600,000 dont l'impôt n'excède pas en principal *cinq centimes*, et parmi les propriétaires fonciers, *trois millions*, c'est-à-dire la moitié environ, sont exemptés de la contribution personnelle comme étant dans une position voisine de l'indigence. (Vraye, *l'Agriculture et la propriété foncière*, p. 154.) Au 1er janvier 1870, le nombre total des cotes foncières était monté à 14,485,882, et il faut remarquer que les départements où les familles sont fécondes sont ceux qui contribuent pour la plus large part à ce fractionnement de la propriété. Ceux qui pratiquent la stérilité systématique y échappent presque complètement. (Voir, dans la *Revue catholique des institutions et du droit*, 1873, notre travail sur *la diminution de la population*.)

A l'époque où l'on pouvait encore espérer que l'Assemblée nationale adopterait la proposition de M. Lucien Brun et irait même plus avant dans cette voie, le comice agricole de Charolles se livrait à une enquête approfondie sur les effets des lois de succession dans son ressort et concluait, précisément par les raisons que nous venons d'indiquer, à la *réforme du régime de succession établi en* 1803 *en France* [20].

Le nombre encore considérable des familles-souches qui ont résisté au Code civil ne doit pas faire illusion sur ses inévitables effets. Deux causes principales les ont jusqu'à présent atténués : 1° la coutume ancienne s'est maintenue pendant une génération ou deux; 2° dans beaucoup de localités, le sol a acquis une plus-value considérable par l'établissement des chemins de fer et des grands centres manufacturiers. Mais de semblables progrès ne peuvent se reproduire qu'à des époques éloignées, et, pendant plusieurs siècles, les familles-souches resteront en présence des lois normales qui régissent la force productive du travail et l'accroissement de la race.

L'influence restrictive du Partage forcé sur l'ac-

[20] Ce remarquable document, qui mériterait d'être reproduit sous une forme plus accessible au public, se trouve dans l'*Écho du Charolais*, publié à Charolles, nos des 14, 21, 28 septembre, 5 octobre 1873.

croissement de la population est un fait constaté depuis longtemps : un écrivain sceptique a dit énergiquement qu'au point de vue de notre législation *les enfants sont un inconvénient dans la famille*. Sans vouloir développer ce point de vue, nous signalerons seulement ce fait, c'est que le Code fixe lui-même la quotité disponible à la moitié, dans le cas où il n'y a qu'un enfant. Dans cette situation, un père peut parfaitement disposer en faveur d'une concubine de la moitié de son patrimoine[21]. On a jugé que cette part devait être faite à la liberté ! Invoquera-t-on encore les prétendus principes de justice et d'équité pour repousser l'extension de la quotité disponible à la moitié en faveur du père qui, ayant une nombreuse famille, cherche à conserver son

[21] M. Lucien Brun a dit fort justement : « Nous ne pensons pas « qu'aucun des partisans de la liberté testamentaire entende le « mot *absolue* dans ce sens que le père puisse se dispenser, « à l'égard d'un enfant, de ses *obligations naturelles :* éducation, « moyens de travail, aliments, etc. Liberté *absolue* ne peut s'en- « tendre que dans le sens de *large* liberté. » (*Introduction à l'Étude du droit*, p. 234.) — Pour notre part, nous ne réclamons nullement la liberté de tester comme un de ces prétendus *droits de l'homme*, qui ne sont soumis à aucune règle morale dans leur usage, mais uniquement comme le légitime exercice d'une autorité que Dieu crée directement dans chaque famille. Le jour où elle s'emploie au mal, comme dans le cas visé au texte, la loi civile peut légitimement intervenir pour frapper un acte immoral. C'est ce que faisait l'ancienne jurisprudence, en vertu de la maxime : *don entre concubins ne vaut*. Les législations de 1791 et de 1804 ont à la fois donné au mal une liberté illégitime et enlevé la liberté d'exercice à l'autorité qui offre le plus de garanties.

domaine et à assurer à ses enfants un foyer qui reste leur centre commun[22]?

Un écrivain constatant les progrès de la stérilité systématique n'était-il pas en droit de dire :

« C'est à ce monstrueux résultat que nous a « conduits le Code civil ; et ne dirait-on pas « qu'il l'a fait avec préméditation, quand on « considère que la loi contient une prescription « diminuant la quotité disponible à mesure que « le nombre des enfants devient plus grand? Plus « un père a d'enfants, plus la loi est sévère pour « lui. On ne peut engager plus directement à ré- « duire les familles[23]. »

Dans les familles fécondes, la conservation du foyer importe à tous les membres, à ceux qui forment des établissements particuliers ou qui émigrent, non moins qu'à celui que le père de famille s'associe comme héritier. En cas d'échec

[22] Un exemple fera saisir combien la préoccupation de l'égalité est vaine, même dans le système actuel. Supposez deux enfants et un héritage de 36,000 fr. Le père qui veut favoriser un de ses enfants peut lui donner 24,000 fr. (la quotité étant alors du tiers). S'il avait huit enfants, il pourrait assurer à l'un 12,375 fr.; chacun des sept autres enfants aurait une part de 3,375 fr., et la conservation du patrimoine serait impossible. Si, comme nous le demandons, la quotité disponible est portée à la moitié, dans ce même cas l'héritier-associé aura 20,250 fr. Il pourra conserver le domaine en payant à chacun de ses frères une dot de 2,250 fr. Il n'y a pas de proportion entre l'importance du résultat obtenu par la famille et le sacrifice pécuniaire des enfants qui n'héritent pas.

[23] *De la Liberté testamentaire en France*, par Maurice Hallay, page 25.

et d'infortune, ils y trouvent un refuge assuré, de même que ceux qui ont été inaptes au mariage. Le foyer des familles-souches remplit ainsi une fonction que l'assistance publique supplée très imparfaitement[24].

Les pays où ces mœurs se sont conservées, et avec elles les habitudes de transmission intégrale, offrent sous ce rapport un frappant contraste avec les localités où l'organisation de la famille s'est façonnée sur le Partage forcé. Dans ces dernières localités, non seulement il n'y a pas de foyer commun pour la famille, mais même les vieux parents sont abandonnés dans leur vieillesse. Aucun de leurs enfants ne veut être héritier-associé et les aider à cultiver leur bien, car tous savent que leurs frères et sœurs profiteraient à leur détriment du fruit de leur travail[25].

Dans les familles-souches, au contraire, l'hé-

[24] Le sentiment des cadets des familles-souches sur ce point s'accuse par un fait signalé dans plusieurs localités, et notamment dans les montagnes de la Drôme. Quand le père est mort sans tester, souvent les enfants attribuent d'eux-mêmes la quotité disponible à l'aîné, tant la conservation du foyer importe à tous.

[25] Dans les pays où il y a encore opposition entre la Coutume ancienne et l'application du Code, l'insuffisance de la quotité disponible se démontre par la pratique à chaque instant. Ainsi, dans les départements des Alpes, le père de famille est obligé de soutenir une lutte avec l'enfant qu'il veut charger de conserver le foyer, même en lui donnant par préciput tout ce qui est permis, tant la situation qui lui est faite est difficile. (Voir *Bulletin de la Société d'économie sociale,* t. II, 1868, p. 319, *discours de M. Ch. de Ribes.*)

ritier-associé, dès qu'il a été désigné par ses parents, consacre toute son activité à améliorer le domaine qui doit lui rester en propre; et il s'efforce, par un redoublement d'activité et d'épargne, d'acquitter les charges qui le grèvent.

Après avoir lu l'histoire de la famille des *Mélouga*, personne ne sera tenté d'invoquer le fantôme des idées féodales. Ces sentiments sont totalement inconnus à ces laborieux cultivateurs. Le choix qu'ils font de la fille aînée de préférence aux fils puînés indique bien que leur principale préoccupation est d'associer le plus promptement possible au père de famille un jeune ménage, qui soit directement intéressé à la prospérité de la communauté[26]. Ce régime offre ainsi, indépendamment des avantages moraux du premier ordre signalés dans le cours de l'ouvrage, un puissant stimulant à la production agricole. Il serait dangereux de s'en priver plus longtemps, à une époque où l'approvisionnement du marché national est livré à la concurrence des producteurs étrangers.

[26] M. le président Requier, dans l'ouvrage déjà cité (*introduction*), signale avec insistance les sentiments qui guident en cette matière les familles-souches du Midi.

V

LA LIBERTÉ DES ARRANGEMENTS DE FAMILLE

En conservant aux enfants des droits de réserve ou de légitime affectant jusqu'à la moitié du patrimoine, nous voulons uniquement fixer, comme par voie d'*abonnement*, la créance alimentaire des enfants vis-à-vis de leurs parents.

La théorie fondamentale du Code, qui ne tolère qu'à titre exceptionnel les dispositions du père et investit directement, au nom de l'État, les enfants de la succession paternelle, cette théorie doit être renversée. Il faut, au contraire, proclamer que le père est le législateur naturel de sa famille, et sanctionner toutes les dispositions qu'il édictera, tous les arrangements qu'il prendra avec ses enfants, pourvu que ceux-ci soient remplis de leur créance alimentaire, seule raison plausible du maintien d'une légitime.

Le principe une fois admis, il faudrait donc modifier encore certaines dispositions du Code.

1. — Il suffira que l'enfant soit pourvu de sa légitime à un titre quelconque, en argent ou en valeurs mobilières, comme le père l'aura établi. Pourvu qu'il ait la somme à laquelle sa légitime est estimée, il n'aura aucun droit au partage

des biens. « Nous revenons à la réserve légale, « dit M. Champetier de Ribes, mais seulement « *comme quotité en chiffres et non pas en nature* « *de biens*. Le père conserverait dans tous les « cas la libre disposition de la moitié de sa « fortune, et, quant à la partie réservée, il n'en « devrait à ses enfants que la représentation et « l'équivalent. »

Nous avons vu (III) que cette réforme était sollicitée par tous les jurisconsultes en matière de partage d'ascendants. Il n'y aura aucune raison de la repousser quand le père pourvoira ses enfants par des dispositions distinctes et successives. Le tribunal d'appel d'Aix insistait, en 1803, avec beaucoup de force sur ce point dans *ses observations sur le projet de Code civil :* « Le « père de famille doit avoir la faculté d'assigner « à quelques-uns de ses enfants leur portion de « patrimoine en argent, et de les préparer ainsi « à de plus grandes entreprises en dégageant « leurs talents des entraves qu'une petite pos- « session rurale y mettrait. »

2. — Il faut que le père ait le pouvoir de donner à l'héritier des termes pour le payement des légitimes moyennant un intérêt modéré.

La liquidation immédiate des légitimes, même réduites par l'extension de la quotité disponible (IV), peut, en effet, entraîner la ruine de la famille dans certaines hypothèses. L'utilité des termes gradués accordés à l'héritier pour désintéresser ses frères et sœurs se présente surtout dans deux cas de nature à appeler particulièrement l'attention, celui de la famille industrielle propriétaire d'une usine, et celui de la famille d'ouvriers propriétaire seulement de son habitation.

Dans ces deux cas, tout partage, toute liquidation forcée aboutit fatalement à la destruction de l'établissement domestique. Nos lois révolutionnaires vont directement contre l'intérêt du peuple en empêchant les familles d'ouvriers de devenir propriétaires de leur foyer, et en détruisant à chaque génération les établissements industriels, où elles pourraient trouver un patronage efficace fondé sur la solidarité et la tradition[1].

On fait justement remarquer que dans ces deux cas toute fixation d'une quotité légale pour la légitime présente des inconvénients très grands,

[1] Après les travaux de M. F. Le Play, nous citerons un document produit au *Congrès des associations catholiques ouvrières*, tenu à Nantes en août 1873, sous le titre d'*Organisation chrétienne de l'usine*, dans lequel M. Harmel, grand industriel des environs de Reims, a signalé la nécessité urgente, à ce double point de vue, de détruire l'inique régime du Partage forcé.

En 1873 et 1874, la plupart des Chambres de commerce ont émis le vœu de la modification de nos lois de succession dans le sens de la liberté de tester. V. le Cte de Butenval, *Les Lois de succession appréciées dans leurs effets économiques par les Chambres de commerce de France*, 4e édition in-18.

et qu'en introduisant dans les affaires de la famille les agents du fisc et les officiers judiciaires, on risque de détruire le foyer lui-même. Ce danger est réel; mais si l'on ne veut pas de la liberté complète du père de famille, qu'on admette au moins tous les tempéraments qui peuvent sauvegarder des situations si dignes de l'intérêt du législateur!

3. — Quand les empereurs chrétiens réglèrent la légitime des enfants, ils voulurent que le père pût préserver sa famille de procès ruineux, et lui permirent de confier à l'arbitrage d'un homme de bien (*bonus vir*) le soin de compléter la légitime.

Nous voudrions aussi que le père eût, par son testament, le pouvoir de désigner des arbitres pour statuer souverainement sur toutes les difficultés qui surgiraient dans la liquidation de sa succession. Nos lois admettent l'arbitrage dans les procès les plus importants. Pourquoi empêcher le père de maintenir par ce moyen si simple la paix dans sa famille? Quel meilleur arbitre pourrait-il choisir qu'un oncle, un ascendant commun, que la mère survivante surtout?

Tout ce que nous proposons ici est fondé sur des textes législatifs justement admirés, et, ce qui vaut mieux encore, sur la longue pratique de sociétés prospères et stables. Le Code Napoléon a-t-il donc le monopole de la sagesse? On va voir qu'il n'en est rien, de l'aveu même de ses partisans.

4. — Le Code arrive actuellement à dénaturer dans certains cas les dispositions du père de famille, malgré sa volonté évidente.

L'enfant qui a reçu du vivant de son père une donation en avancement d'hoirie, s'il accepte la succession, impute cette donation d'abord sur sa réserve, puis sur la quotité disponible. S'il renonce à la succession, il peut retenir cette donation jusqu'à concurrence de la quotité disponible, et cette donation est alors imputée exclusivement sur la quotité disponible. C'est ce que décide actuellement la cour de cassation après avoir changé trois fois sa jurisprudence. La conséquence en est que le père de famille, qui croyait avoir pourvu son fils seulement de sa part héréditaire, et qui avait attribué ultérieurement à un autre enfant la quotité disponible, se trouve, par le fait de la renonciation, dépouillé du droit de disposer de la quotité permise. Toute l'économie de ses dispositions se trouve renversée souvent par des spéculations intéressées. Beaucoup de jurisconsultes, notamment Marcadé[2], se sont élevés contre ce déplorable résultat auquel aboutit fatalement la législation actuelle. A ceux

[2] Voir aussi M. Demolombe, *Traité des donations et des testaments*, t. II, nos 57 et suiv.

qui voudraient connaître un exemple décisif de ce qui se produit en pareil cas, nous indiquerons les circonstances de fait d'un arrêt rendu par la cour de cassation, le 3 août 1870, et rapporté par M. Dalloz (*Rec. pér.* 1872. 1. 356).

Nous demandons que dans ce cas, conformément à la doctrine soutenue par deux éminents professeurs de droit à la faculté de Strasbourg, devenus ensuite conseillers à la cour de cassation, MM. Aubry et Rau (*Cours de droit civil français,* 3e édit., §§ 682 et 684 *ter,* note 14), l'enfant qui renonce à la succession ne puisse pas venir réclamer sa réserve s'il n'en a pas été pourvu par une disposition du père, mais qu'il puisse garder la donation ou le legs à lui fait jusqu'à concurrence de la quotité disponible, *en l'imputant sur sa réserve,* de façon à ce que les autres dispositions du père restent entières[3]. Une modification législative sur ce point est nécessaire; car la théorie de MM. Aubry et Rau, quoique très fondée en raison, est regardée à juste titre comme contraire au texte du Code.

Il faut d'autant moins hésiter à reviser à fond le Code sur ce point, que l'obscurité et l'incohérence de ses dispositions entraînent des varia-

[3] Si la donation ou le legs a été fait par préciput, il n'y a rien à changer à la jurisprudence actuelle; car, en imputant exclusivement sur la quotité disponible l'avantage reçu, l'enfant renonçant ne fait qu'exécuter la disposition du père.

tions continuelles dans la jurisprudence. A propos des difficultés de l'espèce que nous venons de signaler, M. Dalloz s'exprime ainsi : *Elles témoignent une fois de plus de l'incertitude des règles qui concernent cette matière*[4] *!*

5. — Dans tous les cas où il y aurait lieu à un rapport ou à une réduction à la quotité disponible, l'enfant, obligé à rapporter ou à recombler, aurait la faculté de se libérer en payant une soulte en argent.

Pour apprécier la valeur des immeubles donnés, on se placera toujours au moment de la donation et non à celui de l'ouverture de la succession (III).

L'enfant qui réclamera un supplément de légitime aura seulement le droit d'exiger une somme d'argent des héritiers auxquels le père aura attribué des immeubles. Mais ceux-ci auront la faculté de payer avec des immeubles s'ils le préfèrent.

Ces solutions sont commandées par l'intérêt des tiers non moins que par celui de la famille. Dans l'état actuel, les actions en réduction et rap-

[4] M. Groualle, dans le rapport au conseil d'État que nous avons cité plus haut, s'exprime presque dans les mêmes termes sur l'*incertitude* des dispositions du Code en cette matière, et critique comme nous la solution consacrée par la jurisprudence.

Cette question vient d'être traitée avec une grande compétence dans la *Revue catholique des institutions et du droit*, n° d'octobre 1883, dans un article intitulé : *Du Respect que nos lois devraient assurer à la volonté du père dans les limites du disponible actuel.*

port réfléchissent beaucoup trop souvent contre des acquéreurs de bonne foi.

6. — Enfin nous demanderons que les pactes sur successions futures, prohibés aujourd'hui par le Code (art. 791 et 1130), soient permis pourvu que l'ascendant de la succession duquel on traite y intervienne. C'est encore un retour à la législation de Justinien et à l'ancienne jurisprudence française. Nous avons dit (I et IV), en nous appuyant sur l'histoire des *Mélouga,* comment la liberté de ces pactes était indispensable pour les arrangements des familles-souches. Dans les arrêts que nous avons cités, on verra comment le principe du Code a souvent forcé les tribunaux à annuler les transactions les plus équitables.

Les pactes sur successions futures sont surtout utiles pour favoriser l'émigration. Plus que jamais l'émigration des jeunes rejetons des familles-souches, avec des pécules et sur un terrain soigneusement préparé, est nécessaire pour que la race française maintienne sa place dans la civilisation générale, au milieu de l'extension que prennent en Amérique, en Australie et dans l'Afrique du Sud, la race anglo-saxonne et la race allemande.

Sans familles nombreuses, point d'émigration; sans liberté de tester, point de familles nombreuses : voilà ce qui est aujourd'hui absolument démontré !

Vis-à-vis des enfants qui émigrent, le père de famille doit pouvoir prendre tous les arrangements possibles. Il leur donnera un pécule d'autant plus considérable qu'ensuite ils n'auront plus rien à prétendre sur le domaine patrimonial, et que l'héritier-associé pourra y consacrer sans crainte toute son activité.

Souvent aussi de pareils arrangements peuvent faciliter le mariage des filles.

La raison en est que, dans l'un et l'autre cas, une somme d'argent, donnée vingt ou trente ans avant la mort du père, a beaucoup plus de valeur pour un jeune ménage qui se fonde ou pour un émigrant, que des droits successoraux dont la réalisation est éloignée et incertaine.

Dans les conventions sur successions futures, qui se débattent librement entre parties majeures et capables, la liberté doit être complète, et toute fixation d'une quotité pour la légitime doit disparaître.

On a grand tort de se préoccuper des abus du pouvoir paternel. Ils sont les plus rares de tous. En tout cas, ce genre de convention serait toujours sujet aux causes de rescision du droit commun pour fraude et pour violence (matérielle ou morale). Il y a là de quoi parer à tous les abus possibles. On pourrait, d'ailleurs, exiger que ces conventions fussent, à peine de nullité, passées par-devant notaire, en présence des témoins instrumentaires comme pour les donations.

La liberté des pactes sur successions futures a été réclamée par un jurisconsulte éminent, M. Charles Brocher, membre de la cour de cassation de Genève, dans une *étude sur la légitime et les réserves*, qui a été couronnée, en 1867, par l'Académie des sciences morales et politiques.

La plupart des législations étrangères favorisent ces pactes. Dans le congrès des jurisconsultes suisses tenu à Coire en 1873, où cependant les principes du Code Napoléon étaient fort en faveur, ses dispositions sur ce point ont été vivement critiquées.

VI

LES DISPOSITIONS SPÉCIALES A ADOPTER TOUCHANT LES HÉRITIERS MINEURS DE LA PETITE PROPRIÉTÉ

La douloureuse histoire dont le précis est dans le IIe Appendice de cet ouvrage indique assez la nécessité et l'urgence d'une réforme. Le gouvernement impérial l'avait reconnu déjà : en 1867 il avait présenté un projet de loi destiné à y porter remède; et, à cette occasion, il a produit des chiffres, extraits des statistiques judiciaires, encore plus significatifs que ceux indiqués par M. Le Play.

Malheureusement la réforme sur ce point présente des difficultés toutes particulières. Le père de famille surpris par la mort avant l'âge ne laisse pas de testament; et alors c'est une nécessité d'appliquer à la lettre les dispositions de la loi *ab intestat,* qui, dans leur généralité, ne peuvent pas se plier aux convenances de chaque modeste foyer.

Dans d'autres temps, la Coutume pourvoyait à ces situations particulières avec la souplesse et l'équité propres à cet état du droit; même le soin de régler la succession des mineurs avait été généralement dévolu aux officiers municipaux.

Au XVIIIe siècle encore la législation continuait à s'inspirer, dans une certaine mesure, de ces principes. La *déclaration sur le contrôle des actes des notaires*, du 29 septembre 1722, fixe l'enregistrement des contrats de mariage à un taux variant de 50 livres pour les *personnes constituées en dignité*, à 1 livre 10 sols *pour les journaliers et autres gens du commun de la campagne*. Il en était de même, sauf le changement du taux de perception, pour les dons mutuels, les testaments.

« Certes, il ne saurait être question à notre « époque, dit M. Vraye, à qui nous empruntons « ces faits, d'une distinction se rapportant aux « personnes dans le taux du droit d'enregistre- « ment; mais le rapprochement entre la législa- « tion fiscale ancienne, ménageant le faible, et la « législation actuelle, ménageant le fort, était « assez original pour mériter d'être essayé[1]. »

Quoi qu'il en soit, ces derniers ménagements en faveur des faibles ont disparu, et notre civilisation moderne ne comporte plus que des Codes aux dispositions précises, impératives et inflexibles.

Néanmoins on peut apporter quelques palliatifs aux inconvénients du partage légal des successions pour les orphelins-mineurs, héritiers d'un petit patrimoine.

[1] *L'Agriculture et la propriété foncière*, p. 287.

Le palliatif le plus efficace se trouve dans une disposition du projet de loi de 1867 (art. 147), portant que le partage des successions de mineurs, quand tous leurs représentants légaux sont d'accord, pourra avoir lieu devant un notaire, sans formes judiciaires autres que l'homologation du tribunal, sans tirer les lots au sort et sans tenir compte de la disposition de l'article 832.

Malheureusement le ministère du 2 janvier avait retiré ce projet devant les réclamations des officiers ministériels, à qui il imposait une véritable expropriation sans indemnité, et sans que le fisc modérât ses droits, bien autrement lourds.

Depuis lors ce projet n'a plus été repris. En 1882 et 1884, les chambres ont cependant voté une loi dont la première proposition avait été faite par le ministère de M. Dufaure en janvier 1878. Cette loi ordonne la restitution des droits de timbre, d'hypothèque et d'enregistrement, perçus sur les ventes judiciaires dans lesquels le prix total d'adjudication n'a pas dépassé 2 000 fr. Elle réduit en outre d'un quart les salaires des officiers ministériels quand le prix n'a pas dépassé 1 000 fr. Toutes les complications de la procédure, même dans cette situation si favorable, subsistent dans leur intégrité [2].

[2] Séances de la Chambre des députés du 29 juin 1882, et du Sénat du 4 avril 1884. (Voir ci-dessus, IIe App., IV, et *Annuaire des Unions*, t. III, 1878, p. 142.)

Et cependant à peine l'administration allemande avait-elle pris possession de l'Alsace-Lorraine, qu'elle cherchait à exploiter contre la France le déplorable régime imposé par nos lois aux orphelins-mineurs de la petite propriété. Le 7 octobre 1872, M. Schneeganz, procureur général à Colmar, annonçait l'intention du gouvernement allemand de réformer au plus tôt les parties défectueuses de la législation française. « Parmi ces parties, nous comptons surtout, « a-t-il dit, la procédure lors des successions et « des ventes par autorité de justice. Pour les « petites fortunes, et même pour des fortunes « moyennes, le droit français relatif au partage « des successions est presque impossible à ap- « pliquer. Les frais dévorent le capital. »

Cette réforme a été réalisée effectivement par la loi du 1er décembre 1873 dans des conditions de simplicité qui peuvent nous servir de modèle[3].

Fas est et ab hoste doceri!

Puisque nous nous sommes ainsi laissé prévenir par nos ennemis, nous voudrions que ce retard fût compensé par d'autres réformes.

Nous proposerions notamment, *quand tous les enfants sont mineurs,* de donner au tribunal le droit d'ajourner le partage jusqu'à la majorité de l'aîné. Dans la pratique, cela se fait fréquem-

[3] Voir le Document C, reproduit ci-après, page 61.

ment; mais l'humeur d'un tuteur ou le conseil intéressé d'un homme de loi suffisent pour rendre impossible cette utile combinaison et pour provoquer le partage immédiat[1].

Cette souveraine faculté laissée au tribunal de juger la situation s'exercerait surtout avec utilité, si l'on réalisait une autre réforme réclamée par l'unanimité des jurisconsultes.

Tous reconnaissent l'insuffisance des dispositions du Code en faveur de la veuve. Par testament ou par contrat de mariage le mari peut disposer en faveur de sa femme de la moitié en

[1] Une jurisprudence récente de la cour de cassation a rendu presque impossibles les partages provisionnels amiables des biens de mineurs faits avec la garantie de cautions, en soumettant au droit proportionnel d'enregistrement, au lieu du droit fixe, l'attribution d'un immeuble pour la part de la somme qui excède la part virile de l'héritier. M. Serrigny, doyen de la faculté de droit de Dijon, a vivement critiqué cette jurisprudence dans un remarquable article publié dans la *Revue critique de législation*, 1er décembre 1871. En voici la conclusion :

« On est arrivé à ce résultat monstrueux de dire que toutes les « fois que des mineurs sont intéressés dans un partage, il n'est « plus possible de faire pour eux et dans leur intérêt un acte de « partage donnant lieu au droit fixe, à moins qu'il ne soit fait en « justice; de sorte que ces malheureux mineurs, auxquels on a « l'air de s'intéresser dans certains projets de modification du « Code de procédure, sont maltraités d'une façon incroyable par « la jurisprudence. Le *væ victis* n'est pas seulement vrai pour les « vaincus dans les guerres de nation à nation, il est vrai aussi à « l'égard des faibles. Malheur à vous si vous êtes faibles ou inca- « pables. Dès que la perte de vos pères et mères vous a placés « parmi les incapables, vous devenez les victimes du fisc. »

C'est notre législation tout entière qui est à reviser au point de vue des intérêts de la famille et des mineurs. Les lois actuelles n'ont été faites que pour le fisc.

usufruit (art. 1094), et cette disposition est faite si généralement qu'elle démontre la convenance de conformer la loi *ab intestat* à cette pratique. En d'autres termes, nous proposerions que, conformément aux dispositions de nos anciennes lois sur le douaire et l'augment de dot, la femme eût de plein droit l'usufruit sur la moitié des biens laissés par son mari, pourvu qu'elle restât veuve et vécût honorablement, et sauf à son mari à lui enlever cette jouissance par testament.

Cette réforme, qui est conforme aux sentiments de notre époque sur le mariage, et qui fortifierait l'autorité de la mère restée veuve sur les enfants, profiterait tout particulièrement aux orphelins-mineurs de la petite propriété.

Il ne faut pas oublier, en effet, que, dans la plupart des cas de ce genre, le père de famille n'a pas testé et que la veuve se trouve dans la position précaire que lui fait la loi *ab intestat*. Sans doute les articles 384 et suivants lui donnent l'usufruit des biens de ses enfants jusqu'à l'âge de dix-huit ans; mais cette limitation lui enlève précisément toute son autorité à l'époque où elle serait le plus nécessaire.

Le jour où elle aurait un usufruit personnel et viager de moitié, ce droit venant s'ajouter à sa dot ou à sa part dans la communauté, la convenance d'ajourner le partage jusqu'à la majorité des enfants deviendrait encore plus forte; et non seulement la division du domaine serait retardée, mais la mère, investie réellement de l'autorité d'un chef de maison, pourrait, comme le père l'eût fait, choisir un héritier-associé. Quand celui-ci serait en état de prendre la direction de la maison, un règlement interviendrait par lequel l'usufruit de la mère serait exclusivement imputé sur sa part, conformément à la pratique des familles-souches [5]. Ainsi pourrait être conjurée la crise que produit dans une famille la mort prématurée du père.

Cette réforme ne serait elle-même efficace qu'autant que l'on tempérerait les exigences de la loi fiscale, qui calcule les droits en matière d'usufruit d'une façon si onéreuse que, dans la pratique, la veuve renonce souvent aux avantages résultant du testament de son mari pour ne pas trop grever la succession.

Dans la réforme récente des lois de succession qui a eu lieu en Allemagne, une satisfaction complète a été donnée à ce *desideratum* de tout bon régime successoral.

En France on a pu croire un moment que le législateur entrerait dans cette voie. L'honorable M. Delsol avait présenté à l'Assemblée nationale une proposition accordant à l'époux survivant un usufruit légal sur le quart des biens de la suc-

[5] Voir un exemple de ces arrangements dans l'enquête citée *sur l'application des lois de succession en Provence*, p. 347.

cession quand le *de cujus* laissait des enfants, de moitié dans les autres cas. Plus tard cette proposition a été adoptée par le Sénat, mais la Chambre des députés ne s'en est jamais occupée.

Telles sont les principales réformes recommandées par les jurisconsultes, qui unissent la science sociale aux connaissances juridiques, et qui, placés en contact avec des familles désireuses de maintenir leur foyer et leurs traditions, se sont préoccupés de leur en assurer la possibilité.

Assurément, dans une œuvre comme celle de la conservation des foyers domestiques, et de la création de nouvelles familles, en état d'apporter à leur tour au pays des forces rajeunies à tous les degrés de l'échelle sociale, l'inspiration morale a un rôle prépondérant à remplir. Mais il ne faut pas perdre de vue que les bonnes mœurs ne se conservent pas sans les lois et contre les lois. La réforme législative est donc, elle aussi, une nécessité. C'est avec cette conviction que nous nous sommes efforcé d'en fixer les principaux traits, en tenant compte à la fois des traditions propres à notre race et de l'état des mœurs dans la société contemporaine.

Note additionnelle.

Au moment où nous corrigions les épreuves de ce travail, nous avons trouvé dans le n° d'avril 1884 de la *Revue catholique des institutions et du droit*, une remarquable étude de M. Gavouyère, ancien agrégé des facultés de droit, doyen de la faculté libre d'Angers, sur *les droits et devoirs du père de famille quant à la transmission de ses biens*. Les conclusions de l'auteur sont a peu près les nôtres en ce qui touche le droit de disposition. Il propose de plus une modification à la loi *ab intestat* analogue à celle réclamée par M. de Lavergne, que nous avons mentionnée à la note 13 du § IV.

Elle se formule ainsi :

1° Faire suivre l'article 824 de la disposition suivante :

824 *bis*. « Même au cas où la succession ne comprendrait pas d'autre immeuble, l'un quelconque des héritiers pourra se faire attribuer, au prix fixé par les experts, l'établissement agricole, industriel ou commercial, exploité par le défunt.

« Les descendants auront le même droit, relativement, à la maison, avec ses dépendances, servant à l'habitation du défunt.

« L'immeuble ainsi attribué ne pourra, pendant dix ans, être aliéné à titre onéreux; il pourra être donné, hypothéqué ou grevé de servitudes. »

« S'il y a concours entre plusieurs héritiers pour l'exercice de ce droit, il y aura lieu à licitation entre eux.

« Le Tribunal pourra, si les circonstances paraissent « l'exiger, ordonner que les étrangers seront admis à en- « chérir. La requête de l'héritier ne sera recevable qu'au- « tant qu'elle contiendra soumission de porter ou faire « porter le prix à un dixième en sus de celui qui aura été « fixé par les experts. »

2° Ajouter à l'article 829 la disposition suivante :

« Dans les dix jours de l'adjudication prononcée au pro- « fit d'un étranger, tout héritier, s'il s'agit des immeubles « mentionnés au premier alinéa de l'article 824 *bis;* tout « descendant, s'il s'agit de l'habitation du défunt, pourra, « par simple déclaration au greffe, prendre le lieu et place « de l'adjudicataire. »

3° Ajouter à l'article 866 une disposition ainsi conçue :

« Quelle que soit la valeur de l'immeuble donné, s'il est « de la nature de ceux mentionnés en l'article 824 *bis*, le « donataire pourra le retenir en totalité, sauf à moins « prendre et à récompenser ses cohéritiers en argent ou « autrement. »

Cette proposition emprunte une importance particulière à la haute compétence de son auteur : elle montre une fois de plus comment notre législation peut être améliorée, et mise en harmonie avec les besoins économiques du temps par des modifications conformes à son économie générale et au génie de notre race.

DOCUMENT ANNEXÉ

PRÉCIS DES RÉFORMES OPÉRÉES PAR LE GOUVERNEMENT ALLEMAND DANS L'ALSACE-LORRAINE POUR LA CONSERVATION DU FOYER DES FAMILLES-SOUCHES, ET SPÉCIALEMENT EN FAVEUR DES ORPHELINS-MINEURS DE LA PETITE PROPRIÉTÉ.

Le gouvernement allemand, à peine entré en possession de l'Alsace-Lorraine, a pris à tâche de réaliser un grand nombre de réformes sollicitées depuis longtemps en France.

Une série de lois ont modifié, conformément à la pratique des peuples libres et prospères, le régime provincial, l'organisation judiciaire, la juridiction administrative, la législation minière, la procédure des ventes judiciaires.

Le principe du partage forcé n'a pas été supprimé; mais plusieurs de ces lois le battent en brèche et constituent déjà une amélioration sérieuse en ce qui touche la conservation du foyer de l'ouvrier et du paysan[1].

[1] A côté de ces réformes, par lesquelles satisfaction a été donnée aux autorités sociales, le gouvernement allemand a violé

C'est là une dure leçon; mais c'est en sachant la reconnaître que nous pourrons recouvrer cette faculté de nous réformer qui a caractérisé toutes les grandes époques, et qui a été détruite chez nous par les régimes de contrainte et la bureaucratie. Aussi nous croyons devoir reproduire les principaux textes de ces lois[2].

I

LOI DU 22 OCTOBRE 1873 CONCERNANT LA SURVEILLANCE ET LES FRAIS D'ADMINISTRATION DES TUTELLES

Cette loi améliore le système des codes français en trois points essentiels: 1° Elle simplifie

leurs sentiments sur plusieurs points très graves. Nous signalerons notamment: 1° la loi qui, abrogeant celle du 27 novembre 1816, rétablit le divorce tel que l'avait réglementé le Code Napoléon; 2° le règlement sur l'instruction primaire, qui recommande dans les écoles publiques le mélange des sexes. Cette innovation, contraire aux sentiments de tous les pays chrétiens, a été introduite depuis peu d'années dans certaines parties des États-Unis; mais elle y a donné des résultats qui ne la justifient nullement.

Au point de vue des principes de la réforme sociale, on doit regretter d'autant plus ce règlement que le régime de l'instruction obligatoire a été en même temps imposé dans toute sa rigueur.

[2] Ces lois ont été édictées sous le régime spécial auquel l'Alsace-Lorraine a été soumise avant d'être admise sur le pied de l'égalité avec les autres parties de l'empire allemand. Pendant cette période, toutes les lois de l'Alsace-Lorraine ont été exclusivement l'œuvre du conseil fédéral, qui est formé par les représentants des souverains des différents États de l'empire, sans la participation de la chambre élective. Ces lois sont complétées, pour les détails d'application, par des ordonnances du chancelier de l'empire.

les procédures pour toutes les tutelles sans distinction et donne au juge de paix une compétence plus étendue. 2° Dans le cas où la succession se trouve sous la garde d'ascendants, de frères ou de sœurs, elle les dispense de certaines formalités, ou au moins n'attache pas de conséquences désastreuses à leur omission. Le législateur allemand ne les suppose pas faites de mauvaise foi comme le Code Napoléon. 3° Enfin les petites successions sont, par une disposition spéciale, dispensées des formalités les plus coûteuses, de manière à ne pas être dévorées par les frais de justice.

Nous empruntons la traduction des principaux articles de cette loi ainsi que de la suivante (II) à l'*Annuaire de législation étrangère* publié par la *Société de législation comparée* (3e année).

Art. 1. Tous les décès donnant lieu à apposition des scellés sont dénoncés gratuitement, par les officiers de l'état civil qui reçoivent l'acte, au juge de paix compétent, dans les vingt-quatre heures.

Art. 2. Lorsqu'un mineur ou un absent est intéressé dans une succession, l'apposition des scellés n'est cependant pas requise, si cette succession se trouve sous la garde des parents, grands-parents ou frères et sœurs majeurs, ou si sa valeur ne dépasse pas 1000 francs.

Art. 3. L'inventaire d'une succession intéressant des mineurs ou interdits peut être fait par le tuteur sans l'assistance d'un notaire, si elle ne dépasse pas 1000 francs.

Les conséquences légales attachées par les art. 1442, 1456, 1461 et 1483 du Code civil[1] au défaut d'inventaire ne sont point encourues par les ascendants de l'individu en tutelle, s'il a été dressé par le tuteur un acte privé d'inventaire et que le conjoint, dans les délais impartis pour l'inventaire, ait affirmé cette description devant le juge de paix en forme de serment.

Art. 4. Le nombre des membres du conseil de famille sera, sauf le cas prévu par l'art. 408, de quatre, outre le juge de paix [au lieu de six][2].

Art. 7. [Un certain nombre d'actes relatifs aux tutelles, quelle que soit la valeur de la succession, sont dispensés des droits de timbre et d'enregistrement.]

Art. 8. Pour tous les actes d'administration des tutelles, le juge de paix, sur la demande des

[1] L'article 1442, comme sanction à l'obligation de faire inventaire, fait perdre au père ou mère survivant, qui est tuteur, son usufruit légal sur les biens de son enfant mineur, et rend le subrogé-tuteur responsable solidairement du défaut d'inventaire. D'après les articles 1455, 1461 et 1483, la veuve qui n'a pas fait inventaire est privée de la faculté de renoncer à la communauté, c'est-à-dire de ne supporter les dettes que jusqu'à concurrence de son émolument.

[2] L'article 408 vise le cas où le mineur a des frères et sœurs; ils font de droit partie du conseil de famille, sans limitation de nombre.

tuteurs, peut accorder le droit des pauvres [assistance judiciaire], lorsque la portion totale des individus réunis dans la même tutelle, d'après les constatations des actes ou des preuves admissibles, n'excède pas 3000 francs.

Les créances non liquides et douteuses, les objets mobiliers et ustensiles nécessaires à l'individu en tutelle, selon sa condition, ne sont pas comptés dans l'estimation.

Art. 10. [Lorsqu'une tutelle a obtenu l'assistance, les frais des délibérations du conseil de famille et des décisions judiciaires concernant un partage ou une vente d'immeubles en justice, peuvent être pris sur la masse d'après le tarif, mais jusqu'à concurrence seulement de 1 1/2 pour cent du montant des biens. Les salaires des officiers ministériels passent alors avant les frais dus à l'État et sont parfaits, en cas d'insuffisance, par le fonds criminel.]

II

LOI DU 1er DÉCEMBRE 1873 CONCERNANT LES PARTAGES EXTRAJUDICIAIRES ET LES VENTES DE BIENS EN JUSTICE

Cette loi peut se résumer ainsi : 1° Elle abroge, *pour tous les partages*, la disposition exorbitante de l'article 832 du Code Napoléon, aux termes duquel il fallait ou composer chaque lot d'objets de même nature, meubles ou immeubles, ou bien liciter le domaine. 2° Elle abroge l'article 815, qui prohibe toute convention tendant à maintenir certains objets dans l'indivision, par exemple l'habitation commune de la famille. 3° Elle permet de faire à l'amiable des partages où les mineurs sont intéressés, tandis que d'après la loi française ils doivent toujours être faits en justice. 4° Quand la vente des biens du mineur est nécessaire, elle simplifie les formalités. 5° En outre de ces dispositions générales, cette loi admet des facilités spéciales quand il s'agit des orphelins-mineurs de la petite propriété.

Art. 1. Il peut être procédé extrajudiciairement au partage d'une fortune auquel sont intéressés des mineurs, interdits ou absents, pourvu qu'il soit dressé un acte devant notaire contenant un exposé complet du partage et que l'homologation du tribunal intervienne. En ce qui concerne les mineurs et les interdits, l'homologation doit être précédée d'une délibération du conseil de famille approuvant le partage.

Lorsque, d'après l'inventaire ou toute autre pièce justificative, la part d'aucun des individus en tutelle ou absents n'excède 500 fr., il suffit que l'exposé détaillé du partage soit rédigé sous signature privée ou affirmé devant le juge de paix et que celui-ci l'homologue, après approbation du conseil de famille en ce qui concerne les mineurs et interdits. Un partage ainsi effectué ne peut être ensuite attaqué par le motif que les conditions présumées pour sa régularité ne se seraient pas rencontrées.

Art. 2. On peut s'écarter, dans le partage, des règles de la composition des lots et des dispositions de l'art. 832 du Code civil, et aussi maintenir l'indivision pour certains objets. Des transactions peuvent intervenir à cet égard sans donner lieu à l'application de l'art. 467 [qui exige pour la transaction, outre la délibération du conseil de famille et l'homologation du tribunal, l'avis de trois jurisconsultes].

Art. 3. Si la vente des immeubles communs est nécessaire avant le partage, elle a lieu en vertu d'un acte d'union réglant l'estimation, les conditions de la vente et de la réception du prix. — Quelle que soit la valeur de l'immeuble, cet acte sera rédigé conformément au 2e alinéa de l'art. 1er, et homologué après approbation du conseil de famille des mineurs et interdits.

Art. 4. Les immeubles appartenant à un mineur ou à un interdit, seul ou en communauté avec d'autres personnes soumises à la même tutelle et n'ayant aucune contrariété d'intérêts, peuvent être vendus en vertu d'une délibération du conseil de famille, lorsque la vente est nécessaire ou utile pour les besoins évidents du pupille. Le subrogé-tuteur doit être appelé au conseil de famille avec droit de suffrage. La délibération est homologuée par le juge de paix. — Ces dispositions sont applicables pour hypothéquer ou conférer des droits réels sur des immeubles, comme pour contracter un emprunt au nom des individus en tutelle.

Art. 5. La vente doit avoir lieu aux enchères publiques devant un notaire. Elle peut aussi s'effectuer librement si, de l'avis unanime du conseil de famille, on peut espérer obtenir ainsi un profit plus considérable pour les individus en tutelle. Si dans ce cas le prix dépasse 1000 fr., l'acte doit être passé devant notaire.

Art. 5 et 10. [Ces articles tracent les formes de la vente aux enchères et simplifient beaucoup la procédure française; il faut noter surtout l'innovation introduite par l'article suivant.]

Art. 8. Si les enchères demeurent au-dessous de l'estimation, il y a adjudication provisoire; elle devient valable si, dans les quatorze jours, le conseil de famille l'approuve.

L'acheteur demeure obligé pendant ce délai. La surenchère n'est permise après l'adjudication que dans le cas prévu par l'art. 2185 [au profit du créancier hypothécaire contre lequel on veut purger l'hypothèque].

Art. 11. Dans la procédure de vente des immeubles vendus en vertu de l'art. 3, on appliquera les dispositions des articles ci-dessus qui y conviennent. — Si les offres demeurent au-dessous de l'estimation, le consentement des personnes intéressées, autres que les mineurs ou interdits, sera nécessaire pour la validité de l'adjudication provisoire.

[On a vu plus haut que l'art. 10 de la loi du 22 octobre 1873 accorde aux partages des successions et ventes des biens de mineurs le bénéfice de l'assistance judiciaire quand le patrimoine n'excède pas 3000 francs.]

III

ABOLITION DE LA VÉNALITÉ DES OFFICES MINISTÉRIELS

Le législateur allemand n'a pas été gêné dans ces réformes par les obstacles qui ont fait échouer en France le projet de loi présenté en 1867. Ce projet, en supprimant une foule de formalités, détruisait le revenu d'un grand nombre d'offices ministériels, dont les propriétaires ont payé leur charge avec la sanction de la loi. On ne pouvait songer à leur imposer cette sorte d'expropriation sans une juste et préalable indemnité[1].

[1] Le projet de loi de 1867, ainsi que les réformes opérées en Alsace-Lorraine, ne touchent qu'aux intérêts des avoués de première instance et des greffiers près de ces mêmes tribunaux. Les notaires, loin d'y perdre, y gagnent considérablement. En étendant à leur corporation l'abolition de la vénalité des offices,

Le régime nouveau introduit dans l'Alsace-Lorraine n'a pas permis à cette difficulté de se présenter.

La loi du 14 juillet 1871 a, dès les premiers temps de l'annexion, posé le principe de la suppression de la vénalité des offices d'avoués, notaires, huissiers, greffiers et commissaires-priseurs, moyennant une indemnité.

Cette suppression a été réalisée par la loi du 10 juin 1872, dont nous empruntons encore l'analyse sommaire à l'*Annuaire de législation étrangère.* (2e année, 1873.)

ART. 1er. Le droit accordé aux titulaires des offices de justice de présenter un successeur est abrogé. — Il leur sera payé une indemnité qui sera fixée immédiatement et sera comptée lorsqu'ils quitteront leur charge.

ART. 3. [L'indemnité sera calculée d'après le produit moyen des cinq dernières années avant le 1er juillet 1870. Le produit sera capitalisé d'après les bases adoptées pour le dernier traité analogue consenti et approuvé avant cette époque. Si cette base fait défaut, l'indemnité sera fixée équitablement.]

ART. 4 à 13. [Pour fixer les indemnités, une commission siégera près chaque tribunal, com-

le gouvernement allemand a obéi à des considérations d'un ordre plus général, parmi lesquelles ses intérêts politiques actuels tenaient naturellement une place considérable.

posée d'un magistrat nommé par le premier président, d'un employé de l'enregistrement et d'un membre choisi, dans un certain délai, par les chambres d'avoués, de notaires et d'huissiers et par les greffiers pour chaque nature d'offices.]

ART. 14 à 20. [Les indemnités ainsi réglées immédiatement ne sont exigibles que quand le titulaire actuel cesse ses fonctions selon certaines distinctions.]

ART. 20 à 24. [L'indemnité est réglée en argent ou en obligations 4 p. 100 sur la caisse d'Alsace-Lorraine. Les obligations sont remboursables au pair et amorties au moyen de tirages annuels.]

La loi du 14 juillet 1871, complétée par une loi du 10 juillet 1872, et des règlements des 17 février et 18 juillet 1872, déterminent les conditions d'aptitude, les examens et le stage à exiger des candidats aux diverses fonctions remplies par les officiers ministériels.

Le nombre des charges est limité, et les titulaires sont nommés par le chancelier de l'empire avec la même liberté qu'il nomme tous les autres fonctionnaires, les employés de l'enregistrement par exemple. Ils peuvent de même être destitués selon son bon plaisir. Ces officiers ministériels sont payés, par les parties qui ont recours à leur ministère, d'après un tarif fixé par le gouvernement.

Si cette abolition de la vénalité des offices a permis au législateur allemand de réaliser sans difficulté les excellentes réformes indiquées ci-dessus, le régime qu'il lui a substitué soulève les plus graves objections.

Les professions d'avoué[2], de notaire, d'huissier ne sont pas devenues libres comme en Angleterre ou aux États-Unis. Le gouvernement prussien, en se réservant la nomination des titulaires dont il impose le ministère au public, a commis un nouvel empiétement de la bureaucratie. A ce point de vue, la vénalité des offices ministériels telle qu'elle existe en France est préférable, malgré ses inconvénients, au régime que subit l'Alsace-Lorraine. La véritable solution est indiquée par l'excellente pratique des Anglais, telle que M. Le Play l'a exposée dans la *Réforme sociale* (chap. 59, IV). Chez eux, les officiers judiciaires correspondant à nos notaires et à nos avoués, sont soumis à une discipline corporative; mais leur nombre n'est point limité, et par conséquent aucun monopole n'est constitué à leur profit.

[2] D'après la nouvelle législation de l'Alsace-Lorraine, les fonctions d'avoué et d'avocat sont réunies, et comme d'autre part le ministère d'avoué est obligatoire, les parties ont encore beaucoup moins de liberté que dans le régime français actuel, pour le choix des mandataires chargés de leur défense.

14978. — Tours, impr. Mame.

L'ORGANISATION DE LA FAMILLE

PAR F. LE PLAY

SOMMAIRE DES PRINCIPALES DIVISIONS DE L'OUVRAGE

14078. — Tours, impr. Mame.

www.ingramcontent.com/pod-product-compliance
Ingram Content Group UK Ltd.
Pitfield, Milton Keynes, MK11 3LW, UK
UKHW031938260826
14628UKWH00004B/1699

9 782019 127978